AF384774

RÈGLEMENT

SUR

LA POLICE ET LES EAUX

DE LA

RIVIÈRE DE VAUCOULEURS

ET

FIXATION DES LARGEURS

NOTIONS SUR LES COURS D'EAU

Vu et approuvé par le Syndicat

PRIX: 1 FRANC

MANTES

TYPOGRAPHIE ET LITHOGRAPHIE E. ROBERT

1903

NOTIONS

SUR LES COURS D'EAU

Les cours d'eau se divisent en navigables et flottables, et non navigables ni flottables. Les premiers font partie du domaine public et comprennent les fleuves et rivières déclarés par l'Administration susceptibles de porter des bâtiments ou des trains de radeaux ; les seconds comprennent tous les autres cours d'eau. Nous nous occuperons seulement de ces derniers.

Les riverains sont propriétaires de ces cours d'eau, sauf le droit de police et de surveillance attribué à l'Administration.

CURAGE DES COURS D'EAU. — Au Préfet appartient le droit de réglementer le curage des cours d'eau, mais il doit respecter les anciens règlements et les usages locaux.

Le Préfet nomme une commission syndicale qui dresse l'état des riverains chargés de payer les frais de curage. Cette commission répartit les frais ; l'état des répartitions doit être approuvé par le Préfet.

Les difficultés relatives au recouvrement de la taxe sont assimilées aux contestations concernant les contributions directes, et comme telles jugées par le conseil de préfecture.

Le Préfet a qualité pour prescrire l'élargissement de la rivière, si cet élargissement est nécessaire.

USINES SUR LES COURS D'EAU NON NAVIGABLES NI FLOTTABLES. — Le préfet est compétent pour autoriser l'établissement des moulins et des usines sur les cours d'eau, et l'autorisation peut être révoquée si l'établissement est reconnu nuisible, ou si celui qui a obtenu l'autorisation ne s'est pas conformé aux conditions qui lui ont été imposées.

Les tiers qui se prétendent lésés par l'autorisation peuvent réclamer devant les tribunaux ordinaires. Ces derniers sont tenus de respecter l'existence de l'usine régulièrement établie ; ils peuvent seulement allouer une indemnité aux réclamants.

DROITS DE PÊCHE. — La loi du 15 avril 1829, art. 2, accorde aux riverains de cours d'eau non navigables ni flottables le droit de pêcher chacun de leur côté jusqu'au milieu du cours, sans préjudice néanmoins des droits contraires établis par possession ou titre. La pêche à la ligne flottante n'est pas plus permise que toute autre sans le consentement du propriétaire.

DROITS D'USAGE SUR LES COURS D'EAU. — Le droit de propriété des riverains sur les cours d'eau n'est pas absolu ; il est réglementé dans l'intérêt de l'agriculture et de l'industrie. « Consultez la loi du 8 avril 1898, articles 642 et 643 du Code Civil, ainsi que les considérants de l'article 552 du même Code. »

RÈGLEMENT

SUR LA POLICE ET LES EAUX DE LA RIVIÈRE

DE

VAUCOULEURS

Versailles, le 21 février 1842.

A MM. les Sous-Préfets, les Maires et Adjoints du département.

MESSIEURS, un règlement préparé par mes soins, pour la police des eaux de la rivière de Vaucouleurs et de ses affluents, vient d'être approuvé par le Gouvernement et converti en ordonnance du Roi.

Désirant porter ce règlement à votre connaissance, ainsi que je l'ai fait pour ceux des rivières d'Yvette et de Rémarde (voir les nos 54 et 23 des Recueils de 1832 et 1836), j'ai l'honneur de vous adresser une ampliation de l'ordonnance royale précitée, qui porte la date du 26 décembre dernier.

Je prie MM. les Maires des communes riveraines de la Vaucouleurs et de ses affluents, de donner à cette ordonnance la plus grande publicité possible. Je les préviens d'ailleurs que des mesures vont être prises très incessamment pour sa mise à exécution, et notamment pour la nomination des membres du syndicat.

Veuillez agréer, Messieurs, l'assurance de ma considération distinguée.

Le Pair de France, Préfet,

AUBERNON.

ORDONNANCE DU ROI

LOUIS-PHILIPPE, ROI DES FRANÇAIS,

A tous présents et à venir, SALUT :

Sur le rapport de notre Ministre Secrétaire d'Etat au département des Travaux publics ;

Vu l'arrêté du Sous-Préfet de Mantes, du 4 juillet 1807, approuvé par le Préfet de Seine-et-Oise, le 18 août suivant, contenant règlement spécial pour l'irrigation des prairies riveraines de la rivière de Vaucouleurs, et le curage de cette rivière ;

La demande des propriétaires riverains, en date du 1er juillet 1837, tendant à obtenir l'application de cet arrêté à l'irrigation de leurs prairies ;

Le rapport de l'Ingénieur de l'arrondissement, du 21 septembre suivant ;

L'avis du Sous-Préfet de Mantes, du 27 du même mois ;

L'avis de l'Ingénieur en chef de Seine-et-Oise, du 13 octobre suivant ;

Celui en date du 23 décembre, même année, de la commission syndicale instituée par le Préfet, à l'effet d'examiner les modifications à apporter au règlement des Eaux de la dite rivière, ensemble le projet de règlement présenté par cette commission ;

Les réclamations de plusieurs propriétaires et fabricants en faveur d'une durée d'irrigation de vingt-quatre heures ;

Le nouvel avis du Sous-Préfet, du 18 janvier 1838 ;

Celui de l'Ingénieur en chef, du 27 mars suivant ;

L'arrêté du Préfet, du 7 novembre 1840 ;

Sa lettre du 14 du même mois ;

L'avis du Conseil général des ponts et chaussées (section de la navigation), du 26 du même mois ;

Vu les lois des 20 août 1790 et 6 octobre 1791, 4 mai 1803 (14 floréal an XI), l'arrêté du Gouvernement du 9 mars 1798 (19 ventôse an VI), et les articles 644, 645 et 714 du Code civil, et l'article 471 du Code pénal ;

Notre Conseil d'Etat entendu,

Nous avons ordonné et ordonnons ce qui suit :

ARTICLE PREMIER

Le règlement pour la police et l'usage des Eaux de la rivière de Vaucouleurs et de ses affluents, situés dans le département de Seine-et-Oise, est définitivement arrêté moyennant les dispositions réglementaires qui suivent.

ART. 2

Institution, organisation et fonctions d'un Syndicat

1o Il sera formé, pour la rivière de Vaucouleurs et ses affluents, un Syndicat composé de sept membres choisis parmi les propriétaires d'usines ou de terrains arrosés par leurs eaux, et, autant que possible, de manière à représenter les divers intérêts et les diverses localités. Conformément à l'arrêté préfectoral du 12 avril 1842 : « Les locataires d'usines munis d'un pouvoir peuvent remplacer leurs propriétaires et être élus syndics. »

2o Les membres du premier Syndicat seront nommés par le Préfet. Ils seront ensuite renouvelés par septième, tous les ans, dans une assemblée des Maires des communes riveraines, des usiniers et des propriétaires de terrains riverains d'une étendue d'au moins un hectare, au scrutin et à la pluralité des voix. A cet effet, la rivière sera partagée en sept sections, aussi égales que possible, chargées chacune de nommer un syndic.

3º La sortie des membres du premier Syndicat sera déterminée par le sort ; le renouvellement se fera ensuite par ancienneté ; le membre sortant pourra être réélu.

4º Le Préfet déterminera l'époque et le mode de convocation des électeurs, et prescrira toutes les mesures relatives à la tenue des assemblées.

5º Les syndics nommeront entr'eux un Président et un Secrétaire.

6º Ils se réuniront toutes les fois que les fonctions dont ils sont chargés l'exigeront, et au moins une fois tous les trois mois.

7º Les jours de réunion trimestrielle seront fixés par le Syndicat lui-même ; en cas d'urgence, les syndics seront convoqués par le Président.

8º Les délibérations du Syndicat seront valables lorsque, tous les membres ayant été convoqués, quatre au moins y auront pris part. En cas de partage égal des voix, celle du Président sera prépondérante.

9º Lorsque, par suite de démission, décès, ou toute autre cause, le nombre des syndics cessera d'être complet, le Président en donnera immédiatement avis au Préfet pour qu'il soit, sur l'ordre de ce magistrat, procédé, comme il est dit, en l'article précédent, au remplacement des membres manquants.

10º Le président correspondra directement avec les Sous-Préfets de Mantes et de Rambouillet, ou avec le Préfet, pour tout ce qui aura rapport aux opérations du Syndicat.

11º Le Syndicat sera chargé de veiller à l'exécution du présent règlement, de seconder les Maires et les Ingénieurs des ponts et chaussées dans leurs fonctions relatives à la police et à la conservation des Eaux de la rivière.

12º Il recevra les réclamations et les plaintes des usiniers et des riverains, et emploiera les voies de conciliation pour mettre fin aux discussions qui pourraient s'élever entre eux. Dans le cas où son arbitrage ne serait pas accepté, il renverra les parties devant les tribunaux ou devant l'administration, suivant que l'affaire sera de la compétence judiciaire ou administrative, en adressant, dans ce dernier cas, au Préfet du département, un rapport sur le fond de la question et sur la nature des difficultés qui ont mis obstacle à la conciliation.

13º Le Syndicat dressera l'acte de répartition entre les propriétaires d'usines ou leurs fermiers et les propriétaires des terrains arrosés, des frais d'opérations faites dans l'intérêt général, du traitement du garde-rivière dont il sera parlé ci-après, et des dépenses auxquelles pourront donner lieu l'organisation et les fonctions du Syndicat lui-même, la surveillance des travaux de curage et d'ebergement et l'exécution du présent règlement, le tout de la manière et dans les proportions qui seront indiquées à l'article 6 ci-après.

14º Les syndics veilleront à ce que les conditions imposées à tout établissement d'usines, de barrages, de vannes d'irrigation ou dérivation d'eau quelconques, soient strictement observées ; ils rendront compte au Préfet, et provoqueront au besoin la répression des abus et des infractions aux lois et règlements qui régissent les cours d'eau en général et en particulier au présent règlement.

15º Ils s'assureront que le garde-rivière remplit exactement ses devoirs ; ils lui donneront toutes les instructions nécessaires qui ne pourront toutefois être contraires au présent règlement ni aux ordres des Ingénieurs.

16º Les syndics ne pourront donner aucun ordre pour la répression des contraventions ni pour l'exécution d'office des travaux, leurs fonctions se bornant, sous ce rapport, à la surveillance et à proposer à l'administration les améliorations qu'ils jugeront convenables dans l'intérêt de la police et de la conservation des eaux.

ART. 3

Garde-Rivière

1º Un agent spécial, sous le nom de garde-rivière, sera chargé de constater les contraventions au présent règlement, de veiller à la répartition et à la distribution des eaux aux riverains, d'après l'ordre préfectoral, et à l'exécution des travaux de curage et d'ébergement ; il restera dépositaire des clefs des vannes établies pour les prises d'eau.

2º Le garde-rivière sera sous les ordres du Syndicat et des Ingénieurs, et sous la surveillance immédiate des Maires des communes traversées par la Vaucouleurs et ses affluents.

3º Il devra se rendre aux réunions trimestrielles du Syndicat et à toutes celles où il serait appelé, pour y rendre compte de son service et recevoir les instructions que le Syndicat aurait à lui donner.

4º Le garde-rivière sera nommé par le Préfet, sur la présentation du Syndicat et l'avis du Sous-Préfet de Mantes. Il sera commissionné par le Préfet et assermenté devant le tribunal civil de l'arrondissement. Sa résidence et son traitement seront fixés par le Préfet, sur la proposition du Syndicat et l'avis du Sous-Préfet.

ART. 4

Répartition et recouvrement des frais divers

1º Le traitement du garde-rivière, ainsi que tous les frais et toutes les dépenses dont il est parlé à l'article 2, seront payés dans la proportion des revenus imposables des usines portant barrage, et en faisant contribuer également les propriétaires de chaque vanne d'arrosement à une somme fixe qui sera déterminée ultérieurement par le Syndicat, sauf aux propriétaires des terrains arrosés à s'entendre entre eux pour acquitter le montant de l'imposition.

2º L'état de répartition des sommes ci-dessus sera approuvé et rendu exécutoire par le Préfet. Le recouvrement en sera fait comme en matière de contributions publiques.

3º Toutes les contestations relatives au recouvrement des rôles, aux réclamations des propriétaires imposés et à la confection des travaux, seront portées devant le Conseil de préfecture, sauf recours au Conseil d'Etat.

ART. 5

Irrigations

1º Les propriétaires riverains de la Vaucouleurs ont droit à l'irrigation dans la proportion de la contenance de leurs propriétés.

2º L'irrigation aura lieu le samedi de chaque semaine, depuis le mois de mai jusqu'au 30 septembre, et sa durée est fixée à vingt-quatre heures.

3º Pendant toute la durée de l'irrigation, aucune usine supérieure ne pourra arrêter l'eau par des éclusements ou de toute manière.

4º Les prises d'eau à faire en vertu de l'article précédent n'auront lieu qu'avec des vannes ;

En conséquence, toutes saignées, rigoles, bondes et autres moyens de dérivation, pratiqués dans la berge de la rivière, sont défendus, ainsi que tout barrage établi dans le même but, en travers de la rivière et de ses affluents.

5º Les vannes seront établies aux frais des propriétaires intéressés, sur un plan et dans des proportions uniformes et conformément aux prescriptions de l'administration ; leur seuil sera placé à une même hauteur par rapport au niveau des eaux ordinaires.

6º Il ne pourra en être placé sur une propriété arrosable de moins de 25 ares d'étendue, sauf au propriétaire ayant une vanne à rendre l'eau aux riverains inférieurs qui n'en auraient pas, en raison de la contenance de leur terrain.

Ces vannes fermeront à clef.

7º Les vannes d'irrigation actuellement existantes qui ne rentreraient pas dans les conditions ci-dessus, seront modifiées dans leurs formes et emplacements, ou supprimées, s'il y a lieu.

Aucune vanne ne pourra d'ailleurs être établie sans autorisation du Préfet.

ART. 6

Curage

1º Le curage général et à vif fond, tant de la rivière principale que de ses bras, de ses sources et de ses affluents, des faux rûs et canaux de décharge, aura lieu chaque année, sous la surveillance et l'inspection des Ingénieurs des ponts et chaussées, du Syndicat, des Maires et du garde-rivière.

2º Les époques précises du commencement et du terme de cette opération seront déterminées par le Sous-Préfet, sur l'avis du Syndicat.

3º L'arrêté pris, à cet effet, par ce magistrat, déterminera l'ordre dans lequel les travaux seront effectués, et prescrira toutes les mesures nécessaires pour en assurer la bonne exécution.

4º Indépendamment de ces curages annuels, le Préfet pourra, sur la proposition du Syndicat, l'avis du Sous-Préfet et de l'Ingénieur en chef, en ordonner d'extraordinaires, toutes les fois que les circonstances l'exigeront.

5º Les opérations du curage comprendront l'ébergement, l'enlèvement des accrues et l'élargissement des parties de rivière qui se trouvent trop étroites ou qui forment des étranglements, de telle sorte que chaque partie du cours d'eau ait au moins la largeur indiquée au tableau dont il va être parlé au § 9. Cette largeur sera toujours mesurée à la hauteur du niveau moyen des eaux, et les berges seront coupées de manière à présenter un talus de moitié de leur hauteur.

Sont également compris dans les opérations du curage, l'arrachage de tous les arbres, souches, branches et buissons qui se trouveront sur la ligne des ébergements, 1 mèt. 33, l'enlèvement de toutes les herbes, roseaux, broussailles, racines, de tous les obstacles qui nuisent au libre écoulement des Eaux.

6º Les élargissements se feront en rectifiant, autant que possible, les lits des cours d'eau, de manière à couper les courbes et les angles saillants ; dans les parties droites, ils auront lieu en prenant également sur les deux rives.

Ces élargissements ne s'appliquent point aux ouvrages d'art ou en maçonnerie, à moins qu'il ne soit reconnu qu'ils causent un inévitable préjudice à l'agriculture.

7º Tous les bois arrachés seront laissés aux propriétaires riverains à qui ils appartiennent ; mais si l'arrachage en est exécuté par les usiniers, dans les parties où ils sont chargés du curage, ainsi qu'il sera dit ci-après, les riverains leur tiendront compte des frais d'arrachage.

8º Le curage sera fait de manière à donner, autant que possible, au lit des cours d'eau, une pente régulière et uniforme, soit entre le fond du noc de l'usine supérieure et le seuil des vannes de décharge de l'usine inférieure, soit entre ces ouvrages et les radiers des ponts compris entre les usines.

9º Il sera dressé, par les soins des Ingénieurs, un Tableau indiquant les largeurs à donner aux diverses parties de la rivière principale, de ses bras, de ses sources et de ses affluents, et les travaux à faire pour mettre ces diverses parties de la rivière en bon état.

Ce tableau, qui ne sera exécutoire qu'après avoir été approuvé par le Préfet, sur l'avis du Syndicat et du Sous-Préfet, servira de base aux opérations des curages annuels ou extraordinaires. Il sera renouvelé, sur la demande du Syndicat, toutes les fois que le besoin s'en fera sentir.

10º Le garde-rivière notifiera d'avance, au moment du curage, aux usiniers ou riverains, les travaux que chacun d'eux devra faire pour entretenir la rivière dans son état normal, conformément au tableau ci-dessus mentionné.

11º Les curages annuels ou extraordinaires seront entièrement à la charge des usiniers, ainsi qu'il est d'usage de temps immémorial sur la rivière de Vaucouleurs. Quant au curage des parties de rivière et des affluents dont le curage n'est pas à la charge des usiniers, il sera obligatoire pour les riverains. Dans ce dernier cas, il sera exécuté sur toute la largeur du lit par le propriétaire des deux rives, et sur la moitié seulement de cette largeur par le propriétaire d'une seule rive, le tout sauf les droits ou servitudes contraires.

12º Immédiatement après la promulgation du présent règlement, il sera fait par le Syndicat un état constatant les usages actuels, au sujet du curage, pour toutes les parties de la rivière ou de ses affluents ; cet état servira de règle pour les curages à venir.

13º Les vases, matières quelconques et déblais, provenant du curage, seront jetés sur les rives, à un mètre au moins de distance des bords, de manière qu'ils ne puissent pas retomber dans la rivière. Les usiniers, (pour les parties de rivière dont ils feront le curage), veilleront aussi, en jetant le produit du curage sur les terres des riverains, à ne porter aucun préjudice à ceux-ci, qui, dans le cas contraire, pourraient les poursuivre en dommages-intérêts, d'après les règles du droit commun.

14º Toute personne qui rejettera ou fera rejetter dans la rivière les immondices qui en auront été retirées, sera poursuivie par les voies de droit pour la condamnation aux peines encourues.

15º Les vases et déblais provenant du curage, seront employés à recharger les berges partout où elles n'auront pas les dimensions déterminées ci-après.

16º Les riverains ne pourront disposer pour d'autres usages que de la quantité surabondante de ces vases déblais, et ils seront tenus d'en opérer l'enlèvement dès que ces immondices auront acquis assez de consistance pour être enlevées facilement.

17º Les berges devront avoir 1 mètre 33 centimètres de plate-forme, sur 2 mètres au moins d'empattement ; elles seront tenues en tout temps à 30 centimètres au-dessus de la surface des eaux affleurant l'arête des déversoirs ou des vannes de décharges et la pente de leur couronnement sera de 5 centimètres par mètre du côté de la rivière.

18º Lesdites berges seront d'un accès facile, de manière que le garde-rivière, les ingénieurs et agents des ponts et chaussées et les syndics puissent visiter la rivière en tout temps. .

19º L'entretien des berges sera à la charge des usiniers dans toutes les parties de la rivière dont ils font le curage, et à la charge des riverains dans toutes les autres parties.

20º Tout propriétaire riverain sera tenu de laisser les usiniers ou leurs ouvriers parcourir les berges, soit pour le curage de la rivière, soit pour l'entretien desdites berges dans toutes les parties mises à la charge desdits usiniers, à moins que ce propriétaire riverain ne se charge lui-même des travaux de curage et d'entretien.

21º Les usiniers ne pourront toutefois user de ce droit de passage, sans avoir au préalable prévenu les propriétaires des terrains clos ; ils devront d'ailleurs en user partout en bons pères de famille, sous peine de dommages-intérêts.

ART. 7

Fauchage

Outre les opérations de curage et de débergement, ci-dessus prescrites, un fauchage général de la rivière de Vaucouleurs, de ses bras, de ses sources et de ses affluents, sera fait à une autre époque de l'année, et plus souvent si cela est reconnu nécessaire.

Ces fauchages seront exécutés, soit par les usiniers, soit par les riverains, suivant que les uns ou les autres sont chargés du curage de la partie de la rivière où ils devront avoir lieu. Ils seront ordonnés comme il est dit ci-dessus, au § 2 de l'article 6.

ART. 8

A l'époque fixée pour l'achèvement des curage et fauchage ordinaires ou extraordinaires, il sera fait une vérification de ces travaux, et il sera dressé par le garde-rivière et par les employés des ponts et chaussées des procès-verbaux contre les retardataires.

Ces procès-verbaux, qui comprendront l'indication et l'estimation des travaux non exécutés ou mal faits, seront timbrés, enregistrés et affirmés dans les vingt-quatre heures, devant le maire de la commune ou le juge de paix du canton. Ils seront ensuite transmis au sous-préfet, qui ordonnera immédiatement, à la diligence du maire et sous la surveillance du garde-rivière l'exécution d'office des travaux au compte des retardataires, sauf recours au Préfet.

Une copie du procès-verbal, signée de celui qui l'aura dressé, sera remise par lui au maire de la commune, avec invitation de la notifier aussitôt au retardataire, pour qu'il ne puisse prétendre cause d'ignorance et pour l'appeler à présenter ses moyens de défense au sous-préfet dans un délai de trois jours. Le recours au Préfet n'aura d'effet suspensif que s'il est notifié au sous-préfet dans les cinq jours de la notification qui sera faite immédiatement aux délinquants, par le garde-rivière, de l'arrêté du sous-préfet ordonnant l'exécution d'office de ces travaux.

ART. 9

L'exécution d'office ordonnée en vertu de l'article précédent, sera constatée au moyen de feuilles d'attachement que tiendra le garde-rivière, et qui seront visées par le maire. Le recouvrement des frais auxquels donneront lieu ces travaux, y compris l'indemnité de surveillance due au garde-rivière et réglée par le Préfet, aura lieu comme en matière de contributions publiques, conformément à l'article 3 de la loi du 14 floréal an XI (4 mai 1803), sans préjudice de l'amende encourue par les contrevenants, aux termes du § 5 de l'article 481 du code pénal, et des indemnités que des tiers pourraient réclamer devant les tribunaux par les voies de droit.

Les réclamations ou contestations concernant le recouvrement des rôles ou la confection des travaux exécutés d'office, seront portées devant le Conseil de préfecture, aux termes de l'article 4 de la loi précitée ; le pourvoi n'est pas suspensif.

ART. 10

L'état de la rivière, de ses bras et de ses affluents une fois constatés et la largeur de ces cours d'eau une fois déterminée, comme il est dit à l'article 6 (§ 9) ci-dessus, aucune plantation ne pourra être faite à moins de 1 mètre 33 centimètres de distance de la ligne d'intercession du talus des berges avec la superficie de l'eau arasant le couronnement du déversoir ou des vannes de décharge du moulin inférieur.

Néanmoins les arbres actuellement existant à des distances moindres, pourront être conservés, s'ils ne forment pas saillie sur le lit du cours d'eau.

ART. 11

Les riverains et usiniers ne pourront établir de lavoirs, ponts, passerelles ou autres ouvrages sur la rivière de Vaucouleurs, sur ses bras et ses affluents, ni élever de bâtiments ni murs de clôture ou réparer d'anciennes constructions le long de ces cours d'eau, qu'après qu'ils auront obtenu du Préfet les autorisations nécessaires, sous peine d'amende et de démolition des ouvrages indûment faits.

ART. 12

Aucun moulin, aucun barrage ne pourront être établis sur la dite rivière et ses affluents, qu'en vertu d'une autorisation spéciale.

Aucun changement, aucune réparation aux ouvrages composant le système extérieur des moulins ou établissements portant barrage, ne pourront avoir lieu sans une autorisation donnée par le Préfet, sur le rapport des ingénieurs.

ART. 13

Chaque usine sera accompagnée d'un déversoir en bonne maçonnerie, d'une longueur égale à la largeur moyenne du cours d'eau et placé dans un lieu apparent et accessible en tout temps pour les agents de l'autorité, les membres du syndicat et les intéressés.

L'arête supérieure de ce déversoir déterminera la hauteur d'eau légale à laquelle chaque propriétaire d'usine aura droit.

Les dimensions et la hauteur de chaque déversoir seront déterminées par l'Administration supérieure, sur les propositions des ingénieurs et l'avis du Préfet.

ART. 14

Il sera procédé, dans le plus bref délai possible et sans attendre les réclamations des intéressés, au règlement de chaque usine manquant de déversoir ou dont le déversoir ne serait pas établi de manière à satisfaire à toutes les conditions d'une semblable construction.

Les vannes de décharge feront provisoirement fonction de régulateur pour les usines qui n'ont pas de déversoir.

Lorsqu'une usine possédera un déversoir régulièrement établi, mais dont la surélévation donnerait lieu à la submersion des prairies, il pourra être procédé à la révision du règlement de cette usine.

Ces règlements seront faits ou révisés par l'Administration supérieure, comme il est dit à l'article 13.

Mais lorsqu'il s'agira simplement d'augmenter la longueur d'un déversoir dont la hauteur aurait été régulièrement déterminée, ou d'en réparer la construction, il suffira d'un arrêté du Préfet.

ART. 15

Les vannes de décharge seront toujours dérasées de manière à être affleurées par les eaux en même temps que le couronnement du déversoir. Elles devront présenter une superficie suffisante pour l'écoulement de toutes les eaux.

En conséquence, lorsque le vannage d'une usine n'aura pas de débouché suffisant, il sera augmenté en vertu d'un arrêté rendu par le Préfet, sur les propositions des ingénieurs.

ART. 16

Il y aura contravention toutes les fois que les vannes de décharge n'étant pas levées de toute leur hauteur, les eaux seront plus élevées que le dessus du déversoir ou des vannes de décharge servant de régulateur, et l'exploitant de l'usine sera, indépendamment de l'amende, responsable de tous dommages résultant de l'élévation des eaux.

ART. 17

Tous les propriétaires et exploitants d'usines sur la Vaucouleurs et ses affluents, seront tenus, sur la sommation qui leur sera faite par l'autorité locale ou le garde-rivière, d'enlever incontinent toutes les hausses, de quelque nature qu'elles soient, qui pourraient exister lors de la promulgation du présent règlement, sur les déversoirs des moulins, réglés ou non réglés, ou sur les vannes ou portereaux de ceux qui n'ont point de déversoir.

Toutefois, si l'exécution de cette disposition entraînait le chômage de quelques usines, le Préfet prendra de suite, sur l'avis du syndicat et des ingénieurs, des mesures provisoires pour remettre ces établissements en activité.

A l'avenir, le placement de semblables hausses sur les déversoirs, vannes ou portereaux, constituera une contravention.

ART. 18

Tout exploitant d'usine marchant au moyen de l'éclusement des eaux, sera tenu de rendre chaque jour, et même plusieurs fois par jour, s'il y a lieu à des heures qui seront fixées par le sous-préfet, sur l'avis du syndicat, le volume entier de l'eau qu'il aura reçue dans ses bassins de retenue.

ART. 19

Dans les cas de crues extraordinaires et d'orages, les exploitants des usines situées sur le cours de la rivière de Vaucouleurs et de ses affluents prendront, de concert, tous les moyens que la prudence et l'intérêt de l'agriculture et des établissements commanderont, pour éviter les débordements et les inondations ; à cet effet, ils commenceront par avertir sans délai les maires ou adjoints de leurs communes recpectives ; en cas d'urgence, ils préviendront immédiatement le propriétaire du moulin inférieur.

Le maire de chaque commune prévoyant le danger d'une crue ou averti par les usiniers, fera prévenir de suite par le garde-champêtre, par le garde-rivière ou par un exprès, le maire de la commune située en aval et les usiniers de sa commune, il donnera l'ordre, en commençant par les moulins inférieurs, d'ouvrir les vannes de décharge.

Tout exploitant d'usine qui n'aura pas suivi les ordres du maire ou qui n'aura pas, en cas d'urgence, ouvert ses vannes de décharge, de manière à prévenir le débordement au-dessus de son moulin, ou qui ouvrira ses vannes sans nécessité et sans urgence constatée, de manière à envoyer aux moulins inférieurs un volume d'eau plus considérable que celui qu'il aura reçu, sera puni par une amende, pour contravention au présent règlement, et sera passible en outre de dommages-intérêts, pour le préjudice qu'il aura pu causer.

Les gardes-champêtres concourront avec le garde-rivière à la constatation par procès-verbaux des contraventions de cette nature, comme de toutes celles commises au préjudice de l'agriculture.

ART. 20

Les contraventions aux dispositions du présent règlement, autres que celles relatives aux curage, ébergement et fauchage, seront constatées par des procès-verbaux dressés par le garde-rivière, les employés des ponts et chaussées et tous autres agents de l'autorité, ayant qualité à cet effet. Ces procès-verbaux, dûment timbrés et enregistrés, seront affirmés dans les vingt-quatre heures, soit devant le maire de la commune où les contraventions auront eu lieu, soit devant le juge de paix du canton. Copie du procès-verbal sera transmise par l'agent qui l'aura dressé, au maire de la localité, et notifiée par celui-ci au contrevenant, avec ordre de faire cesser immédiatement le dommage qui pourrait résulter de la contravention. L'original en sera remis au président du syndicat, qui donnera son avis sur la contravention constatée, et l'adressera ensuite au sous-préfet.

Ce magistrat fera traduire le contrevenant devant le tribunal compétent, pour le faire condamner à la réparation des dommages, et, s'il y a lieu, au paiement d'exécution d'office des ouvrages ordonnés, indépendamment de l'amende encourue, le tout sans préjudice des indemnités qui pourraient être réclamées par des tiers.

Le recouvrement des frais aura lieu ainsi qu'il est prescrit pour les condamnations judiciaires.

ART. 21

Toute disposition contraire à celles du présent règlement, est et demeure rapportée.

ART. 22

Notre Ministre Secrétaire-d'État au département des Travaux publics est chargé de l'exécution de la présente ordonnance.

Fait au palais des Tuileries, le 26 décembre 1841.

Signé : LOUIS-PHILIPPE.

Par le Roi :

*Le Ministre Secrétaire-d'État au département
des Travaux publics,*

Signé : J.-B. TESTE.

Pour ampliation :

*Le Maître des Requêtes,
Chef du Secrétariat général et du Personnel,*

Signé : E. ROBIN.

Pour expédition :

Le Conseiller de Préfecture, Secrétaire général,

LEMONNIER.

1ᵉ BUREAU. — TRAVAUX PUBLICS

Rivière de Vaucouleurs et Affluents

FIXATION DES LARGEURS

Nous, Préfet du département de Seine-et-Oise, Commandeur de la Légion d'Honneur,

Vu l'ordonnance royale du 26 décembre 1841, portant règlement général pour la police des eaux de la rivière de Vaucouleurs et de ses affluents, et notamment le § 9 de l'article 6, prescrivant qu'il sera dressé un tableau indiquant les largeurs à donner aux diverses parties de ce cours d'eau, et les travaux à faire pour mettre ces diverses parties en bon état ; lequel tableau, après avoir été approuvé par le Préfet, sur l'avis du Syndicat et du Sous-Préfet, servirait de base aux opérations des curages annuels ou extraordinaires ;

Vu les propositions des Ingénieurs des 12 et 29 octobre 1853 ;

Vu les pièces de l'enquête à laquelle ces propositions ont été soumises dans chacune des communes intéressées ;

Vu l'avis du Syndicat de la Vaucouleurs du 15 février 1854, et celui du Sous-Préfet de Mantes du 7 avril suivant ;

Vu le rapport des Ingénieurs des 4 et 26 août dernier sur les résultats de l'enquête ;

Arrêtons ce qui suit :

Article premier. — Les largeurs de la rivière de Vaucouleurs et de ses affluents sont fixées conformément aux indications ci-après.

PARTIES DE RIVIÈRE	LARGEUR A DONNER		OBSERVATIONS
	à la rivière vive	à la morte rivière	
Commune de Boissets			
Rivière de Vaucouleurs			
Dans la traversée de la commune............	1 »	»	
Commune de Civry-la-Forêt			
Rivière de Vaucouleurs			
Entre la limite du territoire de Boissets et l'écluse du moulin de Cabaret.............	1 »	1 »	
Entre le moulin de Cabaret et la jonction de la rivière avec le canal de décharge........	» 60	1 »	Canal de décharge commençant à environ 300 mètres en amont du moulin de Cabaret
Entre le point de jonction précité et l'origine du territoire de Montchauvet..........	1 50	»	
Commune de Montchauvet			
Rivière de Vaucouleurs			
Entre le moulin de Cabaret et la jonction de la rivière avec le canal de décharge........	» 60	»	
Depuis la jonction de la rivière avec le canal de décharge, en aval du moulin de Cabaret, jusqu'à la rencontre du rû des Trois-Fontaines	1 50	»	
Entre le rû des Trois-Fontaines et la vanne de secours du moulin de Montchauvet, dit moulin Art.............	2 »	»	
Entre la vanne précitée et le moulin Art, de Montchauvet..	1 »	2 25	
Entre le moulin Art et celui de l'Epied.............	2 »	2 25	
Entre le moulin de l'Epied et la limite des territoires de Montchauvet et de Courgent....	1 70	2 50	

PARTIES DE RIVIÈRE	LARGEUR A DONNER		OBSERVATIONS
	à la rivière vive	à la morte rivière	
Rû des Trois-Fontaines Entre le chemin de Houdan et Dammartin et la Vaucouleurs.	2 25	»	Les eaux des sources seront annexéès au rû par des rigoles d'au moins 50 c., au fil de l'eau ordinaire.

Commune de Courgent

PARTIES DE RIVIÈRE	à la rivière vive	à la morte rivière	OBSERVATIONS
Rivière de Vaucouleurs			
Entre la limite du territoire de Montchauvet et la vanne de secours du moulin de Courgent.	1 80	2 50	
Entre la vanne de secours du moulin de Courgent et le déversoir dudit moulin	3 »	2 50	
Entre le déversoir précité et le moulin de Courgent	2 »	2 50	
Entre le moulin de Courgent et la jonction de la rivière avec la rivière morte	2 »	2 50	
Entre la jonction précitée et les deux vannes de décharge accolées du moulin de la Planche	3 »	2 50	
Entre les deux vannes de décharges accolées et le moulin de la Planche	2 50	2 50	L'élargissement sera fait aux dépens de la berge gauche afin de conserver celle de droite, formée d'un revêtement en maçonnerie.

Commune de Septeuil

PARTIES DE RIVIÈRE	à la rivière vive	à la morte rivière	OBSERVATIONS
Rivière de Vaucouleurs			
Entre le moulin de la Planche et celui de la Seigneurie	3 »	»	
Le canal de décharge, partant de la vanne de secours du moulin de la Seigneurie (situé à 130 mètres en aval du moulin de la Planche), passant sous le pont du chemin de Dammartin et aboutissant à la fausse rivière du moulin des Dames	»	2 »	
Canal de décharge ayant son origine derrière la roue du moulin de la Planche, jusqu'à sa jonction avec le canal précité.	»	1 »	

PARTIES DE RIVIÈRE	LARGEUR A DONNER		OBSERVATIONS
	à la rivière vive	à la morte rivière	
Canal de décharge du moulin de la Seigneurie.	»	3 »	
Entre le moulin de la Seigneurie et celui des Dames	3 50	»	
Entre le moulin des Dames et le territoire de Rosay.	3 50	2 »	

Rivière de Flexanville

—

PARTIES DE RIVIÈRE	à la rivière vive	à la morte rivière	OBSERVATIONS
Entre la rubeille du bois Lecoq et l'origine du territoire et le pont de 4 mètres, sous le chemin de Prunay-le-Temple . . .	2 »	2 »	
Entre le pont précité et le déversoir, à l'origine de la morte rivière	2 50	»	
De là au moulin de Septeuil. . .	2 »	2 50	
Entre le moulin de Septeuil et le pont sous la route nationale nº 183.	3 50	»	
Dans le parc de Septeuil, jusqu'à la jonction de la Flexanville avec la Vaucouleurs . . .	4 »	»	

Commune de Rosay

Rivière de Vaucouleurs

—

PARTIES DE RIVIÈRE	à la rivière vive	à la morte rivière	OBSERVATIONS
De l'entrée du territoire au moulin de Rosay.	3 50	2 »	
Entre le moulin de Rosay et celui des Foulons	3 »	3 »	
Entre le moulin des Foulons et le point de jonction de la rivière avec le mort rû, au lit primitif de la Vaucouleurs. . .	2 50	3 »	
De là au ruisseau de l'Euse, à l'origine du territoire de Villette.	3 50	»	

Ruisseau de l'Euse

PARTIES DE RIVIÈRE	à la rivière vive	à la morte rivière	OBSERVATIONS
En amont du pont sous la route nationale nº 183.	1 »	»	
Entre le pont sous la route nationale nº 183 et la Vaucouleurs	1 50	»	

PARTIES DE RIVIÈRE	LARGEUR A DONNER		OBSERVATIONS
	à la rivière vive	à la morte rivière	

Commune de Villette

Rivière de Vaucouleurs

PARTIES DE RIVIÈRE	à la rivière vive	à la morte rivière	OBSERVATIONS
Entre le ruisseau de l'Euse, à l'entrée du territoire, et le Moulin Neuf	4 »	»	
Entre le Moulin Neuf et la jonction du bras forcé avec le lit primitif de la Vaucouleurs, appelé l'Abîme, à 100 mètres environ au-dessous du moulin de Villette	3 »	4 »	
Entre le point de jonction précité et la vanne dite des Bondes, située à la limite des communes de Villette et de Vert.	4 »	»	
Canal de décharge du moulin de Chavannes, à droite.	»	2 50	
Même canal, à gauche.	»	3 »	

Ruisseau de l'Euse

PARTIES DE RIVIÈRE	à la rivière vive	à la morte rivière	OBSERVATIONS
Entre les sources et le pont sous la route nationale nº 183 . . .	1 »	»	
Entre le pont précité et la Vaucouleurs	1 50	»	

Commune de Vert

Rivière de Vaucouleurs

PARTIES DE RIVIÈRE	à la rivière vive	à la morte rivière	OBSERVATIONS
Entre la vanne des Bondes, située à l'entrée du territoire, et le glacis dit du rû Paillet, 60 mètres en aval de la jonction de la rivière avec le rû Morand.	3 50	3 50	
Entre le glacis du rû Paillet et le moulin de Vert	3 »	4 50	
Entre le moulin de Vert et la limite des communes de Vert et d'Auffreville.	3 »	4 50	

Rû Morand

PARTIES DE RIVIÈRE	à la rivière vive	à la morte rivière	OBSERVATIONS
Entre les sources dites du haut de Vert et le chemin de Soindres à Villette	2 »	»	

PARTIES DE RIVIÈRE	LARGEUR A DONNER		OBSERVATIONS
	à la rivière vive	à la morte rivière	
Entre le chemin de Soindres à Villette et la Vaucouleurs. . .	3 »	»	

Commune d'Auffreville

PARTIES DE RIVIÈRE	à la rivière vive	à la morte rivière	OBSERVATIONS
Rivière de Vaucouleurs —			
De l'entrée du territoire à l'éperon placé en aval du moulin des Cormiers, séparant la rivière en deux parties	3 »	4 50	La largeur de la rivière pourra n'être portée qu'à 2 mèt. 60 entre le moulin à tan et celui du Cormier, là où la berge de droite à plus de 1 mètre 20 de hauteur au-dessus des eaux ordinaires.
Bras gauche de la Vaucouleurs —			
De l'éperon précité à l'entrée du territoire de Mantes-la-Ville. .	2 50	»	
Bras droit de la Vaucouleurs —			Cette dérivation traverse la morte rivière dans des auges en bois de moindre dimension ; elles peuvent être conservées sans inconvénient.
Entre l'éperon et le moulin de Brasseuil.	1 75	4 50	
Entre le moulin de Brasseuil et celui des Gobiers	5 50	»	
Entre le moulin des Gobiers et le pont d'Auffreville.	4 50	»	
Entre le pont d'Auffreville et le déversoir formant barrage, situé à 280 mètres environ en amont du moulin des Bourgognes	5 »	»	
De là au moulin des Bourgognes	2 50	4 »	
Entre le moulin des Bourgognes et le point de jonction de la rivière forcée avec le mort rû.	2 »	4 »	
Entre la jonction précitée et la limite du territoire d'Auffreville et de Mantes-la-Ville. . .	5 »	»	
Ruisseau des Fontaines de Breuil-Bois-Robert —			
Sur toute la traversée de la commune.	» 60	»	

PARTIES DE RIVIÈRE	LARGEUR A DONNER		OBSERVATIONS
	à la rivière vive	à la morte rivière	
Commune de Mantes-la-Ville			
Bras gauche de la Vaucouleurs			
—			
Sur toute la traversée de la commune..............	2 50	»	
Bras droit de la Vaucouleurs			
—			
De l'entrée du territoire au moulin des Pierres.........	5 »	3 50	Morte rivière commençant au déversoir du moulin des Pierres.
Entre le moulin des Pierres et le pontceau au droit du château de Villers.........	2 »	4 50	
De là au moulin de la Folie...	3 »	4 50	
Entre le moulin de la Folie et le point de jonction de la rivière forcée avec le mort rû.....	2 »	4 50	
De là au moulin des Prés....	4 »	»	
Entre le moulin des Prés et la Seine., ...	3 50	»	
Commune de Mantes			
Rivière de Vaucouleurs (Bras gauche)			
—			
De l'entrée du territoire au moulin des Cordeliers........	2 50	»	
Canal couvert partant de la roue du moulin des Cordeliers et aboutissant dans les tanneries	1 »	»	
Dans les tanneries, entre le canal précité et le moulin des tanneries..............	2 »	»	
Commune de Villers-le-Mahieu			
Rivière de Flexanville			
—			
Depuis les sources jusqu'au territoire de Flexanville.....	» 80	»	

PARTIES DE RIVIÈRE	LARGEUR A DONNER		OBSERVATIONS
	à la rivière vive	à la morte rivière	
Commune de Flexanville			
Rivière de Flexanville			
Rû de l'Aunay, depuis la limite du territoire de Villiers-le-Mahieu, jusqu'à la rencontre du rû de la Fontaine-Hedin, à l'origine de l'écluse du moulin de Tessé	» 80	»	
Rû de la Fontaine-Hédin, depuis la source jusqu'à l'écluse du moulin de Tessé.	» 80	»	
Canal de décharge partant de l'origine de l'écluse du moulin de Tessé et aboutissant à la rivière, en aval du dit moulin	»	1 »	
Entre le moulin Tessé et le chemin de Béhoust à Flexanville. . . , ...	1 »	»	
Entre le chemin de Béhoust à Flexanville et le rû d'Orgerus.	1 10	»	
Entre la jonction des rivières de Flexanville et d'Orgerus et l'écluse du moulin de la Poussinière.	1 75	»	
Morte rivière ou lit naturel, partant du déversoir établi à l'origine de l'écluse du moulin de la Poussinière	»	1 50	
Commune d'Orgerus			
Rivière d'Orgerus			
Dans tout son cours	1 »	»	
Rivière de Flexanville			
Entre la jonction des rivières de Flexanville et d'Orgerus et l'écluse du moulin de la Poussinière	1 75	»	

PARTIES DE RIVIÈRE	LARGEUR A DONNER		OBSERVATIONS
	à la rivière vive	à la morte rivière	
Morte rivière ou lit naturel partant du déversoir, à l'origine de l'écluse du moulin de la Poussinière et aboutissant en aval du dit moulin, à la jonction de cette rivière avec le canal de dérivation	»	1 50	
Entre le moulin de la Poussinière et la jonction du canal de dérivation avec la morte rivière	1 »	»	
Entre le point de jonction précité et le chemin de Mayencourt.	1 50	»	
Entre le chemin de Mayencourt et la sortie du territoire. . . .	1 75	»	
Rû de la Fontaine de l'Aunay —			
Dans tout son cours	» 60	»	

Commune de Saint-Martin-des-Champs

Rivière de Flexanville —			
Dans toute l'étendue de la commune.	1 75	»	

Commune de Prunay-le-Temple

Rivière de Flexanville —			
De l'entrée du territoire à la rubeille du bois Lecoq, formant limite entre Saint-Martin et Septeuil . . . . , . .	1 75	»	
De la rubeille du bois Lecoq à la limite des territoires de Saint-Martin et de Septeuil. .	2 »	»	

Commune de Breuil-Bois-Robert

Ruisseau des Fontaines de Breuil-Bois-Robert —			
Entre les sources et l'écluse du moulin dit des Fontaines . . .	» 50	»	Largeur afférente à chaque ruisseau.
Entre le moulin des Fontaines et l'entrée du territoire d'Auffreville	» 60	» 60	Canal de décharge partant de l'écluse et aboutissant derrière le moulin des Fontaines.

Art. 2. — Les autres affluents qui ne sont pas portés au présent arrêté, vu leur peu d'importance, seront conservés avec leurs dimensions actuelles.

Art. 3. — Toutes les largeurs ci-dessus fixées seront prises à la surface des eaux ordinaires.

Les berges auront un mètre au moins de hauteur au-dessus des eaux ordinaires, et auront, autant que possible, une inclinaison de 45 degrés. Quant à celles qui présenteront plus d'un mètre de hauteur, leur inclinaison pourra être moindre, suivant la consistance des terres, s'il n'en résulte aucun inconvénient pour leur solidité.

Art. 4. — A l'exception des canaux d'amenée des usines, aucune réparation ne sera autorisée sur les ouvrages en maçonneries dont la largeur serait sensiblement inférieure à celle présente ci-dessus.

Art. 5. — Les Sous-Préfets de Mantes et de Rambouillet, et l'Ingénieur en chef du département sont chargés d'assurer l'exécution du présent arrêté, chacun en ce qui le concerne.

Versailles, le 19 janvier 1855.

Le Préfet,

Signé : DE SAINT-MARSAULT.

Pour expédition :

Pour le Secrétaire général,

Le Conseiller de Préfecture délégué.

Besnards.

PRÉFECTURE DE SEINE-ET-OISE

NOUS, PRÉFET DE SEINE-ET-OISE,

Vu la délibération du 9 avril dernier, par laquelle le Syndicat de la rivière de Vaucouleurs a soumis à notre homologation l'état constatant les usages actuels des usiniers au sujet du curage de cette rivière ;

Vu le dit tableau ;

Vu l'arrêté du 16 mai dernier, relatif à l'enquête dans les communes intéressées ;

Vu le rapport de MM. les Ingénieurs, des 21 et 25 août dernier ;

ARRÊTONS :

ARTICLE PREMIER. — Le tableau ci-dessus visé est homologué.

ART. 2. — M. le Président du Syndicat de la rivière de Vaucouleurs et M. l'Ingénieur en chef du département sont chargés d'assurer l'exécution du présent arrêté.

Versailles, le 6 septembre 1879.

Signé : **F. COTTU.**

Pour expédition :

Pour le Secrétaire général,

Le Conseiller de Préfecture délégué,

MONESTIER.

POUR COPIE :

Le Président du Conseil d'arrondissement,

LEBLANC.

NOMS DES USINES	Parties de rivière dont le curage est habituellemeut fait par l'Usinier	OBSERVATIONS
Moulin de Cabaret	Depuis la vanne près du déversoir jusqu'à la jonction de la morte rivière.	
Moulin de Montchauvet	Depuis le déversoir du moulin de Montchauvet jusqu'au déversoir du moulin de l'Epied.	
Moulin de l'Epied	Depuis le déversoir du moulin de l'Epied jusqu'à la roue du moulin de Courgent.	
Moulin de Courgent	Depuis la roue du moulin de Courgent jusqu'à la roue du moulin de la Planche.	
Moulin de la Planche	Depuis la roue du moulin de la Planche jusqu'à la roue du moulin de la Seigneurie.	
Moulin de la Seigneurie	Depuis la roue du moulin de la Seigneurie jusqu'à la roue du moulin des Dames.	
Moulin des Dames	Depuis la roue du moulin des Dames jusqu'à la vanne du Boquet.	
Moulin de Rosay	Depuis la vanne du Boquet jusqu'à la roue du moulin des Foulons.	
Moulin des Foulons	Depuis la roue du moulin des Foulons jusqu'à la roue du moulin Neuf.	
Moulin Neuf	Depuis la roue du moulin Neuf jusqu'au tournant du moulin des Paissies.	
Moulin à tan de Villette	Depuis le tournant du chemin des Paissies jusqu'à la roue du moulin de Villette.	
Moulin de Villette	Depuis la roue du moulin de Villette jusqu'à la roue du moulin de Chavannes.	
Moulin de Chavannes	Depuis la roue du moulin de Chavannes jusqu'à la vanne des Bondes.	

NOMS DES USINES	Parties de rivière dont le curage est habituellement fait par l'Usinier	OBSERVATIONS
Les moulins de Chavannes, de Vert, à Tan, du Cormier, de Brasseuil, et toutes les usines de gauche proportionnellement à leur force.	Depuis la vanne des Bondes jusqu'à la roue du moulin de Vert.	
Moulin de Vert	Depuis la roue du moulin de Vert jusqu'à la roue du moulin à Tan.	
Moulin à Tan	Depuis la roue du moulin à Tan jusqu'à la roue du moulin du Cormier.	
Moulin du Cormier	Depuis la roue du moulin du Cormier jusqu'à l'Eperon.	
En aval de l'Eperon Bras gauche Usine Lurois	Depuis l'Eperon jusqu'à la roue du moulin d'Auffreville.	
Moulin d'Auffreville	Depuis la roue du moulin d'Auffreville jusqu'à la roue du moulin des Epaillards.	
Moulin des Epaillards	Depuis la roue du moulin des Epaillards jusqu'à la roue du moulin des Rades.	
Moulin des Rades	Depuis la roue du moulin des Rades jusqu'à la roue du moulin de Nizeneuil.	
Moulin de Nizeneuil	Depuis la roue du moulin de Nizeneuil jusqu'à la roue du moulin de Bel-et-Bat.	
Moulin de Bel-et-Bat	Depuis la roue du moulin de Bel-et-Bat jusqu'à la roue du moulin de Mantes-la-Ville.	
Moulin de Mantes-la-Ville	Depuis la roue du moulin de Mantes-la-Ville jusqu'à la roue du moulin de Juzanne.	
Moulin de Juzanne	Depuis la roue du moulin de Juzanne jusqu'à la roue du moulin de Chantreine.	

NOMS DES USINES	Parties de rivière dont le curage est habituellement fait par l'Usinier	OBSERVATIONS
Moulin de Chantreine	Depuis la roue du moulin de Chantreine jusqu'à la roue du moulin des Cordeliers.	Sauf la traversée du chemin de fer, qui est fait par l'Administration.
Moulin des Cordeliers	Depuis la roue du moulin des Cordeliers jusqu'à la première roue du moulin des Tanneries.	
1er Moulin des Tanneries	Depuis la roue du 1er moulin des Tanneries jusqu'à la roue du 2e moulin des Tanneries.	
2e Moulin des Tanneries	Depuis la roue du 2e moulin des Tanneries jusqu'à la Seine.	
En aval de l'Eperon Bras droit		
Les moulins de Brasseuil, des Gobiers, des Bourgognes, des Pierres, de la Folie, des Prés, proportionnellement à leur force.	Depuis l'Eperon jusqu'à l'origine des Auges.	
Moulin de Brasseuil	Depuis l'origine des Auges jusqu'au déversoir du moulin des Gobiers.	
Moulin des Gobiers	Depuis le déversoir du moulin des Gobiers jusqu'au déversoir du moulin des Bourgognes.	
1er Moulin des Bourgognes	Depuis le déversoir du 1er moulin des Bourgognes jusqu'à la roue du 2e moulin des Bourgognes.	
2e Moulin des Bourgognes	Depuis la roue du 2e moulin des Bourgognes jusqu'au déversoir du moulin des Pierres.	
Moulin des Pierres	Depuis le déversoir du moulin des Pierres jusqu'à la roue du moulin de la Folie.	
Moulin de la Folie	Depuis la roue du moulin de la Folie jusqu'à la roue du moulin des Prés.	
Moulin des Prés	Depuis la roue du moulin des Prés jusqu'à la Seine.	

NOMS DES USINES	Parties de rivière dont le curage est habituellement fait par l'Usinier	OBSERVATIONS
Les deux moulins de Launay	*Rivière de Flexanville, affluent de la Vaucouleurs* Les écluses jusqu'au remous.	
Moulin de Tessé	L'écluse jusqu'au remous.	
Moulin de la Poussinière	L'écluse jusqu'au remous.	
Moulin de Septeuil	Depuis la roue du moulin de Septeuil jusqu'au pont de la route nº 183.	
Château de Septeuil	Sur toute la traversée de sa propriété jusqu'à la jonction de la Vaucouleurs.	
Moulin des Fontaines	L'écluse.	

Imprimerie E. ROBERT, 10 et 12, rue Henri Rivière, Mantes